Dr Ant. MAGNIN

P.-J. PROUDHON

ET LA

FRANC-MAÇONNERIE

Documents publiés à l'occasion de l'inauguration de sa statue

14 AOUT 1910

Prix : 0.75

Vendu au profit de la souscription Proudhon

BESANÇON
IMPRIMERIE-PAPETERIE, CH. RAMBAUD
74, Grande-Rue et rue Bersot, 50

1910

Dr Ant. MAGNIN

P.-J. PROUDHON

ET LA

FRANC-MAÇONNERIE

Documents publiés à l'occasion de l'inauguration de sa statue

14 AOUT 1910

Prix : 0.75

Vendu au profit de la souscription Proudhon

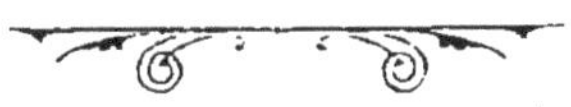

BESANÇON
IMPRIMERIE-PAPETERIE CH. RAMBAUD
74, Grande-Rue et rue Bersot, 50

1910

Dr Ant. MAGNIN

P.-J. PROUDHON ET LA FRANC-MAÇONNERIE

I

L'INITIATION DE P.-J. PROUDHON

Proudhon, l'illustre sociologue bisontin, dont notre ami et collègue, M. Droz, a si bien analysé la vie et l'œuvre (1), ce cœur généreux, cet ami des humbles, constamment à la recherche des améliorations à apporter à l'état social, devait, un jour, se préoccuper du but humanitaire poursuivi par la Franc-Maçonnerie et y chercher une aide pour la propagation de ses conceptions sociologiques. Si l'on a cru pouvoir affirmer qu'il avait « trop le sentiment de sa personnalité pour jamais s'enrôler dans une *secte* » (2), Proudhon devait cependant faire exception pour la *secte maçonnique:* il savait y trouver les idées de tolérance qu'il venait d'exposer dans sa lettre du 17 mai 1846 à Karl Marx (3) ; il savait y

(1) Ed. Droz. *P.-J. Proudhon* (1809-1865), Paris, 1909.

(2) Alfred Darimon.

(3) Faisons une bonne et loyale polémique ; donnons au monde l'exemple d'une tolérance savante et prévoyante ; mais, parce que nous sommes à la tête du mouvement, ne nous faisons pas les chefs d'une nouvelle intolérance; ne nous posons pas en apôtres d'une nouvelle religion, fût-elle la religion de la logique, la religion de la raison... (Citée dans Darimon. *Proudhon et K. Marx. Figaro* de juin 1894.)

trouver aussi, parmi les membres de la Loge de Besançon, des parents, comme son cousin Melchior Proudhon, ou d'anciens camarades de collège, comme le D[r] Ed. Ordinaire. Telles furent donc probablement les raisons qui le décidèrent à se présenter, le 8 janvier 1847, à la Loge *Sincérité*, *Parfaite Union* et *Constante Amitié réunies* de notre ville (1).

L'entrée de Proudhon dans la Franc-Maçonnerie eut un retentissement considérable (2), dû à la fois à la personnalité du nouvel adepte, dont la notoriété était déjà grande, et surtout aux thèses paradoxales et retentissantes qu'il développa au moment de son initiation et aux réformes que Proudhon proposait à la Franc-Maçonnerie d'alors : ce fut « une brusque intervention qui fit scandale », ainsi qu'on le rappelait plus tard (3) et comme le montrent bien les documents que nous allons reproduire.

On a cité ou raconté la séance de réception de Proudhon à la Loge maçonnique de Besançon, de façons différentes, souvent inexactes, toujours incomplètes (4); le compte rendu de Proudhon lui-même, qu'il a donné dans son ouvrage *De la Justice dans la Révolution et dans l'Église* (5), n'en signale que quelques épisodes : il convient de le compléter par le procès-verbal de cette réunion, conservé dans les archives de la Loge.

---

(1) Proudhon avait alors trente-huit ans, étant né le 15 janvier 1809.

(2) Comparable à celles de Voltaire et de Littré.

(3) Voyez *Monde maçonnique*, t. XXIII, 1881-1882, p. 375.

(4) Voyez PERNOT. Histoire de la franc-maçonnerie bisontine, 1859, p. 193 (simple mention; quelques erreurs, par exemple : 1846 pour 1847; P.-G. Proudhon pour P.-J. Proudhon); — *Monde maçonnique*, t. II (1859), p. 218 (simple mention, d'après Pernot); t. XXIII (1881), p. 375-380 (allusion), p. 149-151 (allusion) ;— PROUDHON : *De la Justice dans la Révolution et dans l'Eglise;* éd. de 1858, t. II, p. 208; éd. de 1868 t., II (t. XXII des œuvres complètes), p. 309 ; — BRUAND : Discours prononcé aux funérailles de Ed. Ordinaire (dans *Démocratie franc-comtoise*, 16 mars 1887).

(5) Voy. la note historique ci-dessus.

I. Voici d'abord le récit de Proudhon :

Le 8 janvier 1847, je fus reçu Franc-Maçon au grade d'apprenti, dans la Loge de *Sincérité, Parfaite Union et Constante Amitié*, Orient de Besançon.

Comme tout néophyte, avant de recevoir la lumière, je dus répondre aux trois questions d'usage :

Que doit l'homme à ses semblables?

Que doit-il à son pays ?

Que doit-il à Dieu ?

Sur les deux premières questions, ma réponse fut telle, à peu près, qu'on la pouvait attendre ; sur la troisième, je répondis par ce mot : la GUERRE.

Justice à tous les hommes,

Dévoûment à son pays,

Guerre à Dieu, (c'est-à-dire à l'Absolu) (1).

Telle fut ma profession de foi.

Je demande pardon à mes respectables frères de la surprise que leur causa cette fière parole, sorte de démenti jeté à la devise maçonnique, que je rappelle ici sans moquerie : A LA GLOIRE DU GRAND ARCHITECTE DE L'UNIVERS.

Introduit les yeux bandés dans le sanctuaire, je fus invité à m'expliquer devant les frères sur ce que j'entendais par la guerre à la Divinité. Une longue discussion s'ensuivit, que les convenances maçonniques me défendent de rapporter. Ceux qui connaissent mes *Contradictions économiques* et qui liront ces études, pourront se faire une idée des considérations sérieuses sur lesquelles je fondais alors et affirme encore mon opinion. L'antithéisme n'est pas l'athéisme : le temps viendra, j'espère, où la connaissance des lois de l'âme humaine, des principes de la Justice et de la raison, justifiera cette distinction aussi profonde qu'elle paraît puérile.

Dans la séance du 8 janvier 1847, il était impossible que le récipiendaire et les initiés se comprissent.

Ni moi je ne pouvais pénétrer la haute pensée de la Franc-Maçonnerie, n'en ayant pas vu les emblèmes ; ni mes nouveaux frères ne pouvaient reconnaître leur dogme fondamental sous une expression blasphématoire, qui renversait les habitudes du langage vulgaire et toute la symbolique religieuse.

---

(1) Les mots, mis entre parenthèses, ne se trouvent pas dans la première édition (1858).

C'est le sentiment qui resta dans les esprits et qui fit passer outre à la cérémonie.

Après avoir subi les épreuves, le bandeau tomba enfin de mes yeux, et je me vis entouré de mes frères, revêtus de leurs insignes, tenant leurs épées dirigées sur ma poitrine; je reconnus les emblèmes sacrés; on me fit asseoir à mon rang parmi les adeptes, et l'orateur de la Loge, le vénérable frère P***, âgé aujourd'hui (mai 1860) de quatre-vingt-quatorze ans (1), doyen de tous les maçons du globe, prononça le discours de ma réception. Qu'il reçoive ici le témoignage public de ma reconnaissance et de mon respect.

II. Le procès-verbal de la séance du 8 janvier 1847 nous permet de compléter cet intéressant récit; nous ne pouvons, pour des motifs de convenances particulières, le reproduire intégralement, mais nous en extrairons toutes les parties qui concernent l'initiation philosophique de Proudhon.

1. A propos des trois questions d'usage rappelées par Proudhon, le procès-verbal ne mentionne aussi que la réponse à la troisième : « Que l'homme doit-il à Dieu ? » dans les termes suivants :

Proudhon répond aux questions orales. Une discussion s'engage entre le Vénérable (2) et le candidat sur cette question : *Qu'est-ce que l'homme doit à Dieu ?* Proudhon avait répondu : *la Guerre !* Cette réponse avait produit une vive sensation; forcé de s'expliquer, Proudhon répondit : « Oui, nous devons faire la guerre à Dieu : il se dit le seul parfait; pourquoi ne parviendrions-nous pas à la même perfection ? Jusque-là nous devons lui faire la guerre et lui prouver, par notre travail et nos constants efforts, dans la science de la vie, que nous pouvons atteindre au même degré de perfection. »

Proudhon appuie son opinion par des raisonnements qui, sans convaincre ses auditeurs, leur font cependant apprécier le génie de cet homme qui promet d'être un jour un grand publiciste.

---

(1) « Agé aujourd'hui de quatre-vingt-douze ans » (éd. de 1858).

(2) C'était le frère PERNOT, qui a été vénérable de la Loge de Besançon pendant trente-deux ans, de 1842 à 1874 (Voy. *Monde maçon.*, XIV, p. 80-87) ; il est l'auteur de l'*Hist. de la Fr. maç.* citée plus haut.

Le procès-verbal, dont la rédaction laisse souvent à désirer, ne reproduit probablement pas les termes mêmes de l'argumentation de Proudhon ; il donne cependant une idée de la thèse paradoxale développée devant des auditeurs surpris, scandalisés par ces propositions « blasphématoires » ; comme le dit Proudhon, « il était impossible que le récipiendaire et les initiés se comprissent ». Quant à la proposition et aux arguments eux-mêmes, il faut bien se garder de les prendre à la lettre : Proudhon « a éloquemment expliqué, plus tard, comment il entendait considérer, *comme étant le mal*, cette force dominatrice de l'humanité que l'on a appelée Dieu ; et ce n'est pas ce que le vulgaire nomme Dieu, mais bien plutôt ce qu'il désigne sous le nom de Satan, que Proudhon dénonce et frappe d'anathème » (1).

On trouve, du reste, dans son ouvrage *De la Justice* (2), une explication beaucoup plus philosophique de sa « brutale » réponse à la troisième question posée aux néophytes.

Après avoir montré que le principe maçonnique est, en somme, le positivisme, ce qu'il appelle l'*anticonceptualisme* (3), Proudhon ajoute :

Aussi n'ai-je pas besoin d'insister davantage sur cet anticonceptualisme de l'enseignement maçonnique pour montrer combien, en déclarant la guerre, suivant mon expression peut-être malheureuse, à tous les dieux substantiels, causatifs, verbaux, justifiants et rédimants, *Elohim*, *Jehovah*, *Allah*, *Christos*, *Zeus*, *Mithra*, etc. j'étais, sans le savoir, d'accord avec la pensée inconsciente de la Franc-Maçonnerie.

Et moi aussi, aurais-je pu dire à la respectable assistance, j'affirme, comme idée souveraine et régulatrice dans les âges futurs, le Rapport, l'Équilibre, le Droit. Je regarde comme purs instruments dialectiques, subordonnés à cette idée, les concepts de substance, cause, esprits, matière, âme, vie ; je professe la justice gratuite et sans récompense. Sous le bénéfice de cette explication,

---

(1) Cité par Robert Estienne, dans *Lyon Républicain*, 29 jt. *1910.*

(2) Anticonceptualisme maçonnique. (*De la Justice dans la Révolution....*, éd. de 1868, t. II, p. 313.)

(3) Voyez plus loin, dans la 2e partie, l'exposé de cette doctrine.

et comme je ne veux contrister personne, je consens à rendre gloire avec vous, mes frères, au grand ARCHITECTE, immanent dans l'humanité, et dont le lumineux triangle, plus précieux pour moi que le nom de Jehovah, que vous y avez inscrit, m'a révélé toutes ces choses.

On a vu qu'au texte primitif « *Guerre à Dieu* », de la 1re édition (et du procès-verbal de la Loge), Proudhon a ajouté plus tard « *c'est-à-dire à l'Absolu* » : cette *élimination de l'absolu*, Proudhon la réclame dans plusieurs autres passages de *La Justice* : cf. Dieu et l'Absolu (note, t. V, p. 325) ; élimination de l'Absolu (t. V, p. 335 : t. VI. p. 5).

A propos toujours de la fameuse formule, nous rappellerons les appréciations suivantes : «Proud'hon n'est pas un athée, c'est un ennemi de Dieu » (Mgr Mathieu), — « du Dieu de l'Eglise », rectifie et complète M. Droz (op. cit., p. 237.)

2. Le procès-verbal mentionne une autre discussion dont Proudhon ne parle pas dans son récit de la *Justice*, discussion qu'il eut à soutenir avec le Dr Ed. Ordinaire (1), au sujet de l'École phalanstérienne.

« Une nouvelle et intéressante discussion est soulevée.

Proudhon se trouve en présence d'un admirateur de l'École phalanstérienne, le frère Édouard Ordinaire ; et Proudhon dans ses ouvrages avait vivement attaqué le phalanstère. Mais c'étaient deux anciens condisciples qui se trouvaient en présence : aussi n'y eut-il rien d'acerbe dans cette lutte où l'un et l'autre exposaient leurs théories ; au contraire, cette discussion entre deux hommes d'esprit fut des plus intéressantes : Proudhon expliqua les passages de son livre et démontra qu'il n'y avait rien d'hostile à la société phalanstérienne; et, au moment où il reçut la lumière, pour prouver au frère Ordinaire qu'il ne subsistait entre eux rien de ce différend, son premier mouvement fut de lui tendre la main en signe de réconciliation.

L'assemblée ne put qu'applaudir à ces intéressants débats et à la solution qui les terminait.

---

(1) Le Dr Edouard Ordinaire, né à Besançon le 27 mars 1812, avait été initié à la Loge bisontine le 2 octobre 1846 ; il est mort à Maizières (Doubs), le 12 mars 1887. (Voy. *Démocratie franc-comtoise*, 16 mars 1887.)

Dans le discours prononcé aux funérailles du D[r] Ed. Ordinaire (1), le Vénérable Bruand lui a fait jouer un rôle un peu différent, mais inexact :

« Peu de temps après sa réception, il (Ed. Ordinaire) devint orateur-adjoint et se fit remarquer alors par ses savants discours. C'est lui qui, dans la mémorable séance du 8 janvier 1847, où eut lieu l'initiation de notre illustre compatriote, J.-P. Proudhon, fut chargé d'être son interlocuteur, et il se tira de cette situation difficile avec un tact et une intelligence fort remarquables. Proudhon lui-même en fait foi, en lui rendant un hommage mérité dans un de ses ouvrages, où il parle du jour de sa réception dans la Loge de Besançon. »

Ainsi qu'on va le voir dans le paragraphe suivant, ce n'est pas à l'orateur-adjoint, au D[r] Ed. Ordinaire, que Proudhon a fait allusion, mais à l'orateur titulaire, Melchior Proudhon.

3° Dans son compte rendu de la *Justice*, Proudhon se borne à citer l'orateur de la Loge, « le vénérable frère P...., âgé aujourd'hui (mai 1860), de 94 ans, et à lui décerner « le témoignage public de sa reconnaissance et de son respect », à propos du discours qu'il prononça lors de sa réception.

Mais le procès-verbal nous donne des renseignements curieux sur ce discours, véritable réquisitoire contre Proudhon et ses idées, que celui-ci eut le tact d'écouter avec déférence, à cause de l'âge de l'orateur et des liens de parenté qui les unissaient.

C'était, en effet, le cousin du récipiendaire, le frère Melchior Proudhon, âgé alors de 80 ans et orateur de la Loge depuis de nombreuses années ; ancien défroqué de 1789, devant du reste se rétracter quelque temps avant sa mort, Melchior Proudhon était bien le représentant de la Franc-Maçonnerie de l'époque, « égarée dans de fausses spéculations et corrompue par des doctrines qui

(1) *Démocratie franc-comtoise*, 16 mars 1887.

lui sont diamétralement contraires » (P.-J. Proudhon), confinée dans le formalisme du rituel, des épreuves, n'ayant pour guide philosophique que ces deux principes : *déisme* et *tolérance* ; — incapable par conséquent de comprendre la vraie pensée maçonnique et à plus forte raison les idées réformatrices de son parent. Aussi, son discours de réception n'est-il, d'un bout à l'autre, qu'une suite d'admonestations adressées à son cousin et une sévère critique de ses idées et de son genre de travail.

L'orateur, dit le procès-verbal, se montre sévère envers le nouvel initié ; il lui reproche de donner une fausse direction à ses talents, d'avoir méconnu la protection d'une illustre assemblée qui avait voté en sa faveur la pension Suard et d'avoir, par ses écrits, ému la société : (erreurs) dont il devait rendre compte à ses juges naturels.

Que s'il avait suivi une autre voie, il aurait été apprécié à sa véritable valeur et les plus hautes destinées lui auraient été réservées.

Proudhon, avec son caractère absolu, resta calme en présence de pareilles admonestations ; il montra (par son silence) la déférence et le respect qu'il avait pour cet honorable vieillard, son cousin.

A relever, dans cette admonestation, le reproche si souvent adressé à Proudhon (1), d'avoir, comme bénéficiaire de la pension Suard, méconnu les intentions de la fondatrice du prix et de la Société chargée de l'attribuer.

Melchior Proudhon est né à Besançon, le 14 mars 1767; décédé le 13 mai 1860; initié, vers 1810 ou 1812, à la Loge *Constante Amitié*, qui venait de s'organiser (2). P.-J. Proudhon donne, sur son cousin, des renseignements plus explicites dans une note inédite publiée par M. Gazier (3).

---

(1) Cf. notamment Tivier, doyen de la Faculté des lettres, dans *Académie de Besançon*, 24 juillet 1884, et la réponse de la *Démocratie franc-comtoise*.... juillet (ou août) 1884.

(2) Sur son rôle maçonnique, voyez Pernot, op. cit., p. 161-165, 176, 195.

(3) Gazier. Une page inédite de Proudhon (*Soc. Emul. du Doubs*, 7e sér., t. VIII, 1903-1904; tir. à p., 1905, p. 16).

Mon parent Proudhon, prêtre en 89, entré dès ce moment dans le mouvement révolutionnaire, président du club des Jacobins, emprisonné après la Terreur, plus tard frère orateur et vénérable (1) de la loge des francs-maçons de Besançon, dans laquelle j'ai été reçu, homme remarquable dans tout le cours de sa vie par la grande fermeté de son caractère, mon parent n'a pas soutenu son caractère jusqu'au bout; il n'en faut accuser que la vieillesse. Depuis deux ou trois ans, il était retombé dans l'enfance : une espèce de cafard, apostat de la République, s'était emparé de lui. Obsédé de toutes parts, il a fini par se confesser, recevoir la communion, en un mot se réconcilier avec l'Église. L'esprit prêtre, dans lequel il avait été élevé, et que le déisme robespierriste n'avait fait qu'entretenir, lui est revenu. Je le regrette, mais l'Église a recueilli là un pauvre trophée.

Les divers passages des œuvres publiées ou inédites de Proudhon, cités dans les pages précédentes, tous postérieurs à son initiation, fournissent la preuve qu'il avait conservé de son admission dans la Loge de Besançon un souvenir vivace et sympathique.

Les principes maçonniques paraissent aussi lui avoir fait une impression profonde; il y revient dans plusieurs de ses ouvrages et les utilise même dans la question, capitale à ses yeux, de l'organisation du travail. Cherchant les moyens propres à relever la condition de l'ouvrier, Proudhon indique, comme une des deux garanties indispensables à réaliser pour le travailleur : « *l'organisation des fonctions*, dans l'atelier, *sur le principe de la graduation maçonnique* », c'est-à-dire, d'après les trois degrés de l'initiation, l'apprentissage, le compagnonnage et la maîtrise (2).

L'initiation maçonnique comprend trois degrés : *apprenti*, *compagnon*, *maître*.

Tous sont appelés à la maîtrise, parce que tous sont frères : il n'y a de privilège pour personne. Au banquet maçonnique, renouvelé de l'antique agape, symbole de la fraternité universelle, règne la plus parfaite égalité.... Tous les principes de la doctrine ma-

(1) Je ne crois pas que Melchior Proudhon ait été vénérable.

(2) *De la Justice dans la Révolution*...., 6e étude, chap. v, paragraphe xxxvii, t II, p. 229 (édit. de 1868).

çonnique sont exprimés dans les trois premiers grades, qui se confèrent indistinctement à tout membre de la Société, sous la seule condition de l'*âge* et des *épreuves*.

Transportez ce principe d'égalité progressive des cérémonies de l'initiation maçonnique dans la réalité industrielle, que trouverez-vous ?

Ceci, qui est la charte même du travail. »

Et Proudhon énumère les divers articles de cette charte : instruction intégrale donnée à tous ; travail dû par le citoyen, successivement apprenti et compagnon, en attendant ses droits de participation, comme associé ou maître, à la direction et aux bénéfices ; intérêt pour le jeune travailleur à augmenter ses connaissances et à perfectionner ses talents, etc.

En deux mots, continue Proudhon, l'apprentissage polytechnique et l'ascension à tous les grades, voilà en quoi consiste l'émancipation du travailleur. *Apprenti*, COMPAGNON, MAITRE : telle est notre vocation à tous. Hors de là, il n'y a que mensonge et verbiage ; vous retombez fatalement, par la servitude du travail parcellaire, répugnant et pénible, dans le prolétariat ; vous recréez la caste ; vous retournez, par l'insuffisance de l'instruction positive, au rêve mystique : vous détruisez la Justice (1).

Cette utilisation des trois degrés de l'initiation maçonnique dans l'organisation du travail à l'atelier explique pourquoi Proudhon a placé dans son *Etude 6e, Le Travail*, l'historique de son initiation dans la franc-maçonnerie et les renseignements qu'il donne sur cette association.

Proudhon s'est toujours intéressé à la Franc-Maçonnerie, à ses œuvres, au rôle important qu'elle peut jouer au point de vue social, mais à la condition qu'elle modifie non seulement ses rites, mais encore les principes philosophiques sur lesquels elle s'appuie et l'enseignement ésotérique qu'elle donne dans ses Loges.

C'est la conclusion de divers articles que Proudhon a consacrés à la Franc-Maçonnerie, sur ce sujet, extraits

---

(1) *Id.*, paragr. XLIII, t. II, p. 338-339.

de son ouvrage *De la Justice....* ou du journal *Le Monde maçonnique*, dont l'analyse fait l'objet de la deuxième partie de cette étude.

II

LA FRANC-MAÇONNERIE D'APRÈS P.-J. PROUDHON

I. Le même chapitre de l'ouvrage *De la Justice dans la Révolution*, où Proudhon raconte son initiation à la Loge de Besançon, contient des idées, très originales pour l'époque, sur ce qui doit être « le dogme glorieux et fondamental de la Franc-Maçonnerie. »

Répondant à ceux qui lui demandaient ce qu'il avait vu des mystères terribles qu'on prêtait aux cérémonies maçonniques, Proudhon en profite pour donner une explication personnelle de ce qu'on peut considérer comme le véritable mystère de la Franc-Maçonnerie.

Ce que j'y ai vu, je vais vous le dire. Les Sociétés maçonniques.... n'ont plus de secrets. Leurs mots de passe, leurs termes cabalistiques, leurs signes, leurs attouchements, tout cela est connu, imprimé, publié et court les rues. Quant à la doctrine, depuis que la tolérance est devenue pour tout le monde un principe de droit public et le déisme un pied-à-terre provisoire pour tous ceux qui ont renoncé à la religion de leurs pères, on peut dire qu'elle est entrée dans la circulation générale.... Mais par delà le déisme et la tolérance.... qui forment encore aujourd'hui la substance de l'enseignement officiel des Loges ; par delà ce cérémonial qui n'a plus même le mérite d'exciter la curiosité des profanes, il est une philosophie supérieure qui ne se communique point, attendu qu'elle est demeurée lettre close pour tout le monde, que je puis révéler par conséquent sans manquer au serment maçonnique, puisque je n'en dois l'intelligence qu'à moi-même, bien qu'elle constitue, selon moi, le véritable mystère, le dogme glorieux et fondamental de la Franc-Maçonnerie.

Proudhon indique ensuite que ce dogme est l'*anticonceptualisme*, caractéristique de la doctrine maçonnique ; après avoir montré que le *conceptualisme*, c'est-à-dire la négation de toute phénoménalité, en d'autres termes, l'affirmation de l'ABSOLU, est le caractère fondamental de toutes les anciennes doctrines religieuses et la condition *sine quâ non* de toute théologie, Proudhon ajoute :

Bien différente est la théologie des Francs-Maçons et par suite leur théodicée. Elle sort de conceptions ontologiques et prend pour assise une idée positive, phénoménale, synthétique, hautement intelligible : c'est l'idée de *rapport*. Et comme ce mot de rapport, par sa généralité, semble participer de la nature conceptualiste des notions précédentes (1), la Raison maçonnique lève tout doute à cet égard en concrétant et définissant son principe sous l'expression d'ÉQUILIBRE.

C'est ce qu'indique à qui veut l'entendre le triple emblème, devenu plus tard celui de la Révolution : *Aplomb*, *Niveau*, *Équerre*.

L'équilibre : voilà une idée qui fait image, qui se voit, qui se comprend, qui s'analyse, qui ne laisse derrière elle aucun mystère.... De l'idée de rapport ou d'équilibre, la Franc-Maçonnerie déduit sa notion de l'Être divin.

Le Dieu des Maçons n'est ni Substance, ni Cause, ni Ame, ni Monade, ni Créateur, ni Père, ni Verbe, ni Amour, ni Rédempteur, ni Satan, ni rien de ce qui correspond à un concept transcendental : toute métaphysique est ici écartée. C'est la personnification de l'Équilibre universel. Dieu est l'*Architecte :* il tient le compas, le niveau, l'équerre, le marteau, tous les instruments de travail et de mesure. Dans l'ordre moral il est la Justice. Voilà toute la théologie maçonnique.

Du reste, point d'autel, point de simulacres, point de sacrifices, point de prière, point de sacrements, point de grâces, point de mystères, point de sacerdoce, point de profession de foi, point de culte. La Société franc-maçonne n'est pas une Église ; elle ne repose pas sur un dogme et une adoration ; elle n'affirme rien que la Raison ne puisse clairement comprendre, et ne respecte que l'Humanité. Est capable, en conséquence, d'être reçu Franc-

---

(1) Que Proudhon a exposées auparavant.

Maçon, de quelque religion qu'il soit, quiconque aime la Vérité, pratique la Justice et sert ses semblables, de quelque religion qu'ils soient eux-mêmes.

Il faudrait être étrangement *pauvre d'esprit*, ce me semble, pour ne pas voir que ce rationalisme tolérant, fondé sur le dédain de toute théologie et sur la substitution au concept métaphysique de l'idée positive, réelle et formelle, est la négation même de l'élément religieux, remplacé dans la conscience du Franc-Maçon par la Justice.

La théologie de la Loge, en un mot, est le contrepied de la théologie. C'est ce qu'indique l'opposition de la devise maçonnique, *à la Gloire du Grand Architecte de l'Univers*, à celle des Jésuites : *ad majorem Dei gloriam*, pour la plus grande gloire de Dieu, c'est-à-dire de l'absolu (1), c'est-à-dire de l'absolutisme. »

Ici se place l'explication nouvelle de sa fameuse réponse à la troisième question posée au néophyte que nous avons rappelée dans la première partie (voy. p. 7).

Et Proudhon termine par ce résumé de la doctrine maçonnique :

Voilà pour la *théologie*, ou philosophie spéculative des francs-maçons. Elle se résume, comme l'on voit, dans la prépondérance de l'idée sensible et intelligible sur le concept métaphysique et absolutiste, idée dont la représentation la plus complète est l'équilibre. Elle fait suite aux anciennes théologies, polythéiste, judaïque et chrétienne, de même que l'idée dont elle émane fait suite aux concepts de substance, cause, esprits, qui servirent à fonder ces devancières ; et, cette suite, qui rappelle la progression historique d'Aug. Comte, théologie, métaphysique, science, nous annonce que nous touchons à la loi de Justice, synthèse de la loi d'égoïsme et de la loi d'amour.

II. Après ce brillant exposé de la doctrine, telle que Proudhon la conçoit, nous pouvons citer un autre article où Proudhon insiste sur les réformes qu'il est nécessaire d'introduire dans la Franc-Maçonnerie.

Cette page, écrite vers la fin de sa vie, fut, d'après le

---

(1) Rappelons que Proudhon a ajouté ce mot à sa réponse : *Guerre à Dieu*, dans la 2e édition du compte rendu de sa réception (Voy. plus haut, p. 5).

rédacteur du *Monde maçonnique*, à qui nous l'empruntons (1), « un précieux encouragement aux amis du progrès ».

LA FRANC-MAÇONNERIE

Il est arrivé à la Franc-Maçonnerie ce qui arrive à toute secte qui, ayant débuté par une symbolique, ne sait pas comprendre et développer philosophiquement le sens de ses emblèmes : elle s'est égarée dans de fausses spéculations et corrompue par des doctrines qui lui sont diamétralement contraires.... La Franc-Maçonnerie, si elle croit pouvoir jouer encore un rôle dans le monde, a besoin d'une réforme qui ne porterait pas que sur le rite, ainsi qu'on l'a déjà tant essayé, mais d'une réforme qui, allant au fond des choses, mettrait en lumière la vraie pensée maçonnique.

Depuis près d'un siècle, l'immense majorité des Loges professe le déisme de J.-J. Rousseau.... Cette vogue du déisme se conçoit : pour les âmes faibles qui, tout en renonçant à la foi chrétienne et se donnant des airs de rationalisme, désirent néanmoins conserver un fonds de religion, rien de plus commode que cette profession de foi à la musulmane : *l'existence de Dieu* et *l'immortalité de l'âme*. Avec cela, on se tient pour dûment renseigné, on n'examine plus. Y a-t-il rien de mieux assuré en matière d'opinion que ce que l'on n'examine pas ? On ne trouverait peut-être pas, au double point de vue de la religion et de la philosophie, de doctrine plus inconséquente, plus étroite que cette réduction du christianisme : c'est justement ce qui fait sa fortune. On ne veut plus être confondu dans la tourbe des croyants..., mais on est incapable en même temps de suivre jusqu'au bout la critique philosophique. De même que l'idée pure est au-dessus de la moyenne des esprits, la Justice pour elle-même est au-dessus des consciences, et l'on se tient dans un éclectisme qui satisfait également la présomption et l'impuissance.

Quelques Maçons, cependant, ayant plus de capacité ou plus de loisir, se permettent de rechercher au delà. Le *Thuileur de l'Écossisme*, publié en 1812 et destiné surtout aux Maçons des grades élevés, professe, sous le nom de la *génération universelle*, une sorte de panthéisme analogue à celui qu'on enseignait autrefois

(1) *Monde maçonnique*, 1881, t. XXIII, p. 377. Cet article a été réimprimé dans les dernières éditions de *La Justice* : nous le retrouvons, en effet, dans l'édition de 1868 (t. V, p. 268-272.)

dans les mystères et qui rentre dans les idées de Volney et de Dupuis.

« L'aspect de l'univers, dit cet anonyme, offre aux yeux de l'observateur une rotation perpétuelle de *créations*, de *destructions* et de *régénérations*. Naître, mourir, se reproduire, telle est la loi imposée à tout ce qui existe. Le *mouvement* ou, si l'on veut, Dieu, l'esprit, le feu, les atomes, la matière subtile, est la cause efficiente de ces divers états de la matière. Lui seul donne la vie, lui seul cause la mort ; c'est le bienfaisant Osiris, c'est le redoutable Typhon ; ces dieux sont frères ou plutôt ne sont qu'un seul dieu.

« En langage symbolique, on dit communément que *la mort est la porte de la vie*, vérité peu connue de ceux qui possèdent le grade de maître, quoique les emblèmes, mis sous leurs yeux, eussent dû les en instruire. On entend par cette figure que la fermentation, que la putréfaction précèdent la naissance et la donnent ; que, sans la première condition, la seconde ne peut avoir lieu ; qu'en un mot, pour que la génération s'accomplisse, il faut que les principes générateurs meurent, pour ainsi dire, qu'ils se dissolvent, se désunissent par la putréfaction. En effet, sans un mouvement interne et fermentatif, sans l'écartement, sans la disgrégation des parties environnantes, comment le germe pourrait-il se faire jour à travers les enveloppes qui le tiennent captif ?

Le phénomène de la génération universelle peut être considéré sous une multitude d'aspects variés.... De là cette immense variété de fables, de rites, de symboles qui, tous relatifs au même but, ont néanmoins plus d'une fois embarrassé les commentateurs mythographes. Car les *religions*, anciennes et modernes, *sont* toutes également *physiques*, et *ce n'est que parmi les principes de la nature que l'on doit chercher les dieux des nations.* »

Il y a loin, comme on voit, de cette doctrine à celle de Jean-Jacques ; aussi paraît-elle avoir été réservée pour la plus haute initiation. Mais, quelque mystère qu'on en ait fait, elle n'appartient pas plus à la Maçonnerie que le déisme ; ce n'est qu'un témoignage de plus à l'appui de ce que nous avons dit du néant de doctrine qui afflige en ce moment les Loges.

Dans ces derniers temps, quelques Frères, plus indiscrets que sages, ayant proposé de faire servir les Loges à une rénovation religieuse, il leur fut répondu, avec un grand bon sens, par le *Monde maçonnique* que les principes de *libre examen* et de *tolérance*, qui forment le fond de la Franc-Maçonnerie, s'opposaient à ce qu'elle devînt l'agent et l'organe d'aucune pensée religieuse ; que toute profession de foi, devenant obligatoire, impliquait, à l'égard de celui qui la repousse, excommunication, par conséquent, était en contradiction avec le principe de fraternité universelle qui fait le véritable objet des Sociétés maçonniques.

« On nous dit, ajoute le rédacteur, que le lien religieux est indispensable aux sociétés modernes. La religion nous apparait, au contraire, comme un sentiment individuel tout à fait indépendant de l'existence, du progrès et du bien-être des sociétés A l'état collectif, elle nous apparait même presque toujours comme un danger. »

Voilà donc la religion bien et dûment exclue de la Franc-Maçonnerie, non pas en ce sens qu'elle exclue de son sein ni juif, ni chrétien, ni mahométan, et qu'elle se montre intolérante pour aucune opinion religieuse, mais en ce sens qu'elle est, comme la Révolution, la Justice, la raison libre, au-dessus de toute religion. Accepter une profession de foi, pour la Franc-Maçonnerie, ce serait déroger, descendre : elle n'en veut pas. Qu'est-ce à dire, sinon que le Franc-Maçon, en tant que Franc-Maçon, ne reconnait qu'une loi qui est la justice, et, dans l'Architecte de l'univers, affirme, non la substance ou la cause, mais la raison, le rapport, l'harmonie des choses?

P.-J. Proudhon.

En résumé, le rôle de Proudhon dans la Franc-Maçonnerie, son influence sur sa marche et son développement, furent plus considérables qu'on ne le croit habituellement ; voici, en effet, l'appréciation du *Monde maçonnique* :

On sait le bruit que fit dans la Maçonnerie l'initiation de Proudhon en 1847. A cette époque, notre institution s'était laissé envahir par le mysticisme énervant qui régnait au dehors ; Proudhon lui rendit à ce moment le service de la réveiller de sa torpeur et de lui rappeler que sa tradition lui imposait d'autre tâche que de fonder une nouvelle religion. Cette brusque intervention, qui fit scandale, ne laissa pas que de porter d'heureux fruits, et il est juste de rappeler que ce fut surtout à ses amis et disciples que la Maçonnerie dut l'éclat et l'importance qui marquèrent son existence durant la seconde moitié du régime impérial.

III

LES FUNÉRAILLES DE PROUDHON ET LA FRANC-MAÇONNERIE

Si Proudhon porta toujours un intérêt si vif à la Franc-Maçonnerie, les Maçons, de leur côté, ne l'oublièrent pas.

Sur sa tombe (janvier 1865), MASSOL, « chargé d'interpréter les regrets de tous », prononça l'allocution suivante, « page remarquable qui montre combien la vie et l'œuvre de Proudhon étaient conformes aux aspirations de la Maçonnerie ». (*Monde maç.*, loc. cit.).

« L'homme qui repose dans cette tombe fut grand par l'esprit. Tout le monde a pu, dans ses écrits, apprécier la hauteur de son intelligence et la puissance de cette dialectique qui a broyé tant de préjugés. Quelques-uns seulement, ceux-là mêmes qui ont vécu dans son intimité, savent combien, sous la rude écorce d'un fils d'ouvrier franc-comtois, il y avait d'indulgence pour les autres et de bonté réelle.

« Mais ce qui caractérise Proudhon, ce qui fait son originalité, son trait distinctif, c'est la solidité de sa conscience. Jamais elle ne broncha; devant bien des tentations, il est toujours resté pur, il a gagné sa vie à la sueur de chaque jour.

« Prolétaire il est né, prolétaire il a vécu, prolétaire il est mort; c'est-à-dire qu'il a toujours été pauvre, si pauvre que nous avons été obligés de nous cotiser pour lui procurer cette tombe.

« Il n'eut qu'une véritable passion, la passion du droit et de la justice; il en avait toutes les délicatesses.

« Il est un de ceux qui ont le plus travaillé à l'édification de l'œuvre capitale de ce siècle, la fondation de la morale en dehors de toute superstition.

« Sa vie tout entière fut un corollaire de cette morale qu'il entrevoyait comme la véritable souveraine de l'avenir.

« Nul plus que lui n'eut le sentiment de la dignité de l'homme, nul plus que lui ne proclama le respect de la personne humaine, nul plus que lui ne grava dans les âmes, en la rajeunissant, notre sainte devise : Liberté, Egalité, Fraternité. »

A la Loge de Besançon, il a été souvent question de Proudhon et plusieurs orateurs, notamment Ordinaire, Beauquier, et d'autres plus récents que nous ne pouvons nommer ici, ont commémoré, a diverses reprises, la vie et l'œuvre maçonniques de notre compatriote.

IV

LA STATUE DE PROUDHON ET LA FRANC-MAÇONNERIE

C'est encore à la Franc-Maçonnerie que revient très probablement l'honneur d'avoir pensé à élever une statue à Proudhon dans sa ville natale ; en tous cas, nous voyons la proposition être faite, pour la première fois, par Dionys Ordinaire, en décembre 1881, dans les termes suivants, reproduits encore d'après le *Monde maçonnique* (t. XXIII, 1881-1882, p. 374).

UNE STATUE A PROUDHON

« Qu'on l'approuve ou non, la mode aujourd'hui est aux statues. Sur l'initiative de M. Dionys Ordinaire, député du Doubs, un Comité s'est formé dans le but d'élever à Besançon une statue à Proudhon. Dans une lettre adressée à la *Démocratie franc-comtoise*, M. Ordinaire justifie sa proposition en ces termes :

« Proudhon est nôtre par son ironie, cachée sous une bonhomie toute rustique; il est nôtre par la franchise de son style, par la solidité de son jugement; il est nôtre même par ses tendances utopiques. Car notre bon sens, si justement vanté, ne va jamais sans une pointe d'imagination.

» Nous n'avons pas, en un mot, dans notre pays, une figure où soit plus profondément empreints les traits de notre vieille race franc-comtoise.

» Ajouterai-je que Proudhon, par son génie, appartient à la France entière, et que ce terrible remueur d'idées est un des premiers écrivains du XIXe siècle.

» Et, sans parler du talent, le fils du tonnelier, celui qui n'oublia jamais son origine, qui fut l'ami des humbles, des pauvres, qui sut lui-même vivre et mourir pauvre, ne mérite-t-il pas d'avoir son monument dans la ville du travail ? »

La Loge de Besançon s'est associée dès le début à ce vœu, par une propagande active et en s'inscrivant sur les listes de souscription déjà établies en 1882 et reprises plus tard, dans ces dernières années ; de nombreux maçons de la ville et de la région ont suivi son exemple, donnant ainsi le témoignage qu'ils conservaient toujours vivace le souvenir des services rendus par Proudhon à l'œuvre maçonnique et aux idées de tolérance, de liberté et de progrès.

Ces documents ont été réunis à l'occasion des fêtes organisées, les 13-14 août 1910, à Besançon, dont le programme comporte l'inauguration de la statue élevée à Proudhon, au rond-point des Bains salins de la Mouillère, sous la présidence de M. Fallières, Président de la République.

Il nous a paru utile de rappeler, à ce moment, quels liens rattachaient Proudhon à la franc-maçonnerie, et l'influence que les idées maçonniques ont pu avoir sur ses conceptions sociologiques.

Besançon, août 1910.

Ant. M.

IMP. RAMBAUD. — BESANÇON

www.ingramcontent.com/pod-product-compliance
Ingram Content Group UK Ltd.
Pitfield, Milton Keynes, MK11 3LW, UK
UKHW012132240726
13965UKWH00005B/2127

9 782013 057752